C62 23
あき

糸崎機関区での情景。C6217はかつて「速度記録」を達成した機関車として知られる。糸崎でも人気で、山陽線で運転された「さよなら列車」を牽引した。左はそのときのプレートをかざす姿。

夕暮れ時の機関区では、刻一刻、微妙に色合いを変化させるC62の姿が印象的であった。それにしても、C6216のボイラーの大きさ、逆にいうと狭軌感が強調されて、その迫力が伝わってくる。

前ページは晩年ヘッドマークを付けて走った急行「あき」。すでに架線も張られ、電化完成まであと数ヶ月という時期だ。

C62 16

関連の保存機関車

広島市内、「広島市こども文化科学館」に保存されているC59161。雨ざらしの展示なので、かつての美しさは失せてしまっている。

木曽川橋梁で「速度記録」を達成したことから、名古屋で保存されているC6217。右のように当初、東山公園で保存されていたが、2010年「リニア・鉄道館」に移動。

左は「梅小路蒸気機関車館（現、京都鉄道博物館）」に保存されるC59164。当初から静態保存になっている。

上は地元安芸郡府中町の「府中公民館」前のC59162の煙室扉と第三動輪。肝心のキャブはすでに存在しないのがなんとも残念だ。

結局、糸崎区に残っていた3輛のC59は、嬉しいことにすべてが保存対象になった。

右のC56131は、木次線近くの松江市「北公園」に保存されている。長く飯山線で活躍していたC56131だが、晩年1973～75年の間、浜田区に移動していた。かつて木次線で運転されていたC56牽引の「ちどり」のヘッドマークが再現されて、公園の片隅で雰囲気を出している。このほか、木次線にいたC56110が埼玉県草加市で保存されている。

上は広島県府中市の「国府児童公園」に保存されているC56106。もと木次線で働いていた機関車だ。右は地元、木次町の「町民公園」に保存されるC56108。一時解体の話がでていたが、無事修復されて、写真よりも美しくなっているようだ。

C6226は1966年に糸崎区で廃車後、大阪にあった「交通科学館」に保存展示されていた。同館が2014年に閉館になって、現在は「京都鉄道博物館」に移転展示。

C56 104

左ページの写真は亀嵩近くで斐伊川をカーヴした鉄橋で越える C56104 の牽く上り列車。夏の日のこと、煙をたなびかせることもなく、通り過ぎて行った。

上は木次駅を発車する C56136 の牽く松江行の上り 424 列車。左は木次駅を目指して走る下り列車。その音といい、煙やドレインといい、想像を遥かに超える迫力に、思わず目を見張ったものだ。

次ページは木次線の名所、出雲坂根のスウィッチバックにさしかかる C56107 の牽く上り貨物列車。

呉 線の C59/C62

一級幹線の面影を残す

C59 162

呉線の C59/C62

■ 呉線　三原〜海田市間

いつかは行ってみたい、と思っていた呉線の朝。もっとも美しいとされる大型旅客用蒸気機関車の傑作、C59 型が C62 型とともに最後の活躍をみせる路線。朝夕の通勤通学列車を牽いて、大型蒸気機関車がひっきりなしにやってくる、それこそわれわれが見ることのできなかった大型蒸気機関車全盛の片鱗でも感じることができたら… そんな思いはつねに抱きつづけていたものだ。

なかなか叶わなかったのは、早朝 6 時から 9 時までが勝負、つまりクルマを手に入れたことが呉線に足を運ぶことを可能にした、といってもよかったからだ。かくして、深夜の倉敷を出発、国道 2 号線から呉線沿いの 185 → 31 号線に入ってロケハンをしながら広島を目指した。

最初のお目当てだった臨時「ななうら」はまだ夜明け前の話、右上の写真のようにフィルムの上を C59164 に牽かれて流れるように行ってしまった。さて、どこかポイントを決めねばならない。列車の時間を気にしつつ小屋浦駅を中心とした周辺を走り回った結果、ふたつ広島寄りの矢野駅を出発した先にカメラを構えることにした。

ひっきりなしにやってくる大型機、を実感したかったので、あちこち動くのではなく線路端の同じ場所、と決めていたのである。どれもが長い客車列車を牽いて、地響きせんばかりの轟音とともにやってくる大型機。大きな感動であった。

当時の撮影記録を見返してみるとこんな具合だ。

6 時 35 分頃 303 レ「音戸」C6215、
7 時 10 分 921 レ D51798、
7 時 19 分 923 レ D51458、
7 時 34 分 925 レ C59162、
7 時 55 分 927 レ C6237、
8 時 24 分 621 レ C6216。

これだけ列車を撮っても、まだ 8 時 30 分前だ。このあといくつかの試みを果たしたあと、満たされた気持ちとともに勇躍、宿泊予定の岡山は下津井港に戻り着いたのだった。

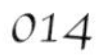

呉線というのは特別の目的を持って敷かれた路線だということはご存知のことだろう。

1903（明治 36）年に呉海軍工廠が開設されると同時に、すでに敷かれていた山陽鉄道の海田市から分岐して呉に至る線路が国の手で建設された。それは間もなく山陽鉄道に貸出され、同鉄道によって運転されたりした。1906 年には「鉄道国有化法」によって、山陽鉄道自体が国有鉄道になる。

呉線が三原〜海田市まで全通したのは 1930 年代になってからだが、全通するや、軍港ということで、東京から直通の優等列車が運転されるなど、呉の存在の大きさを示すことになった。線路も幹線級の規格を備え、そのために本線用の C59、C62 などが運転されたのであった。

山陽本線がいち早く電化されたのちも、本線から流れてきた大型蒸気機関車群が余命を過ごせた、というのは趣味的にみるととても幸運だった。こうして 1960 年代の末までその勇姿を見ることができたのだから。

それにしても、同じ列車でも D51 が牽いてきた時と C59 が牽いてきた時とでこんなに気持ちの昂りがちがうのはなぜだろう。呉線に 3 輛だけが残っていた C59 型が稀少で貴重だという満足感は、やはり趣味人ならでは、というところだろうか。

C62 16

C62 17
糸

クルマを使っての鉄道写真撮影をするようになって、ぜひとも実行してみたかったことのひとつに「併走撮影」があった。もちろん周辺の交通の事情など充分承知の上でのこと。昨今の交通量やコンプライアンス的なことを考えると、佳き時代だったなあ、という感慨を強くするのだが。

このときも、朝のラッシュ時間が過ぎ、線路と併行する道路にもほとんどクルマがいなくなった時間。呉に向かって走る上り列車、C6217の牽く624レとシンクロして走った。坂から小屋浦を通過して竹原付近まで、運転も交代してそれぞれにシャッターを押した。

それにしても、手を伸ばせば届いてしまいそうな至近距離を走るC62。ボイラーの温もりが伝わってき、ロッドが目まぐるしく動く、わが国最大の旅客用蒸気機関車の迫力はそれはそれは忘れられない情景、というものであった。

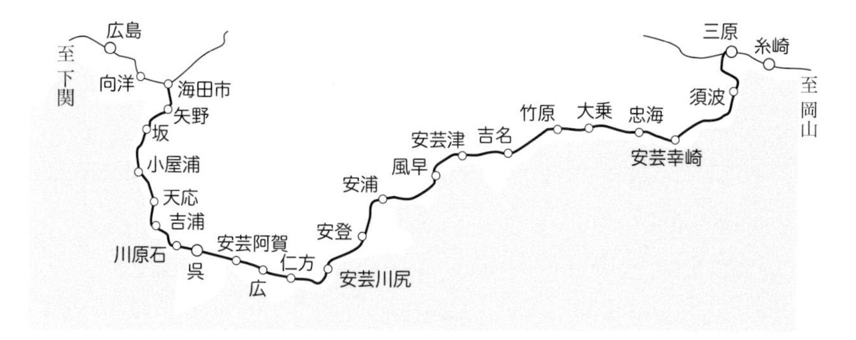

それにしても蒸気機関車というのはすごいメカニズムの持ち主だ。1750mm という巨大な動輪をいとも軽やかに回転させて、88t の巨体を驀進させる。そのパワーの出所は前方左右の直径 520×600mm のエンジン・シリンダ。そこに込められた蒸気の力がメインロッドを通して主動輪に、そこからサイドロッドで前後の動輪に伝えられる。

そのパワーだけで後に従える 10 輛もの客車を引っ張って、これだけの速度で疾走しているのだ

から。そう考えたら蒸気機関車というもの、その最大の存在であるC62型の迫力を目の当たりにして、有無をいわさぬ魅力を改めて感じてしまう。

通い慣れた道なのだろう、機関士さんはいつものように巨大な蒸気機関車を機関助士とたったふたりで操っている。キャブの下、従台車の軸箱の上下動さえ手に取るように解る。この距離で観察できた蒸気機関車は、情景の中を走る蒸機列車とはまたちがう生々しさを見せてくれた。

電化直前の呉線

C6217を追い掛けたその足で、吉名〜安芸津間で急行「安芸」を待った。すでに電化直前を思わせる状態で、ヘッドマークをかざしたC6223を撮ったのだが、ヘッドマーク付は嬉しいことにはちがいないけれど、どこか「最期の華」というような寂しさがつきまとっていた。

もうその「安芸」で見納めか、と思っていた呉線だったが、電化を数ヶ月後に控えた1970年8月にも呉線を訪問している。

すでにほぼ全線に渡って架線柱が立ち、架線も張られているだろうから、蒸機時代を彷彿とさせる写真は期待できまい。それでも、記録として大型蒸気機関車のラストシーンを記録しておくことは意味があるかもしれない。

考えてみれば、鉄道写真を撮りはじめてからの多くは、惜別との闘い、であったように思う。鉄道近代化が急速に推し進められた時代。ダイヤ改正のたびに蒸気機関車が消え、ローカル線が消えていった。時間よ停まれ、なんど叫びたく思ったことか。いま撮らなくては… そうした思いがつねにつきまとって、われわれを突き動かした。電化直前の呉線、まさしくそんな切羽詰まった時期の撮影行なのであった。

C62 37

D51 760
券

呉線の電化が完成したのは1970年10月。それを1ヶ月あまり後に控えた8月だったから、覚悟していたこととはいえ、線路脇には架線柱が立っただけではなく、もう架線も張られた状態になっていた。まだ多くの列車はC62やC59牽引で残ってはいたものの、中には練習運転なのだろうかEF58を前に連結した列車があったり、グリーン塗装の73系電車がやってきたりして、蒸気機関車の終わりを告げていた。

だからこそ、というものかもしれないが、そんななか10輌を越える長い列車を牽いて走ってくるC62の姿は、永遠に目に焼き付けておきたい、と思わせたりしたものだ。D51が牽いてきた12系客車も、いまとなっては貴重な記録として興味が深い。

国道と併行して走る線路。そうだ、前回はここでC6217と併走撮影をしたのだ。こんな交通量だったから、併走も無理なくできたことが解ろう。C6237はそのむかし平機関区にいて特急「ゆうづる」も牽いた機関車だ、などと目の前の列車のことよりも、いろいろなことが思い起こされる。いつもなら、向こうにその姿が見えた時から何枚もシャッターを切ったであろうに、なぜかブロニー・フィルムにホンの数枚しか撮影していない。

これが最期の訪問、なんだかいつもの撮影行とは勝手がちがう、どこか落ち着かない一日であったことを思い出す。だからこそ、よけいに佳き時代を思わないわけにはいかないのだ。

呉線には最後まで３輌の C59 型が残されていた。個人的な感想であるが、岡山局は蒸気機関車に温かい配慮をしてくれていたように思う。山陽線での「さよなら運転」を実施したり、いくつかの惜別の催しも行なわれた。

戦争を挟んで戦前型、戦後型あわせて 173 輌がつくられた C59 型蒸気機関車は長いボイラー、大きなキャブ、2C1 という軸配置など、もっとも美しい大型蒸気機関車という形容に相応しい名機である。第一線の機関車こそいち早く近代化の波に呑まれて姿を消していく。そんななか、最後に残った呉線の３輌の C59 には注目が集まらないわけがあるまい。

いずれも戦後型、残っていた C59161、162、164 の３輌のうち、C59162 はちょっと特別仕様の「シゴク」として知られた。それは広島工場で「特別整備」されたキャブ。側窓を上下方向にひと回り大きくし、さらにその前に明り取りの窓を増設した独特のキャブは個性的でお気に入りであった。

なぜか呉線訪問時には走行シーンが多く、機関区でキャブ周辺をちゃんと観察したい、という希望は果たされることなく終わってしまった。廃車後、地元近くの安芸郡に動輪などが保存されるが、残念ながら肝心のキャブは残されていない。

026

糸崎機関区の C59/C62/C50/D51

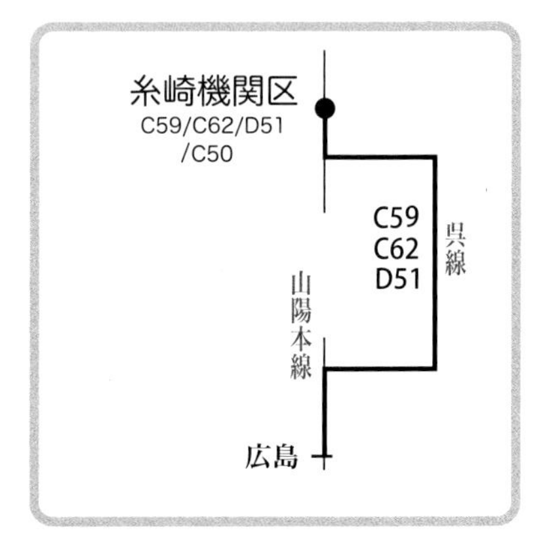

岡山鉄道管理局糸崎機関区。山陽本線の電化によって下関区、広島機関区／運転所から蒸気機関車が消えたのちも、呉線用のC59、C62の所属機関区として残ったのが糸崎機関区であった。本州に残る最後の大型旅客蒸気機関車の基地となって、多くの鉄道趣味人を誘ったところである。

そもそも糸崎駅は、旧く1892（明治25）年7月に山陽鉄道の尾道～三原間の開通によって開業したものだ。早くもこの時に機関区もつくられている。ただし、この時の駅名は三原駅で、2年後に広島まで開通した時点で、三原の中心地により近いとなり駅を三原と改名し、旧三原駅は糸崎駅に改称された経緯がある。

晩年には3輌のC59型と5輌のC62が糸崎区に籍を置いていた。いうまでもなく呉線用として働いたもので、このほかには7輌のD51型、入換え用として4輌のC50型がいた。あわせて19輌というのは、幹線の機関区という面影を伝えるのに充分な数といえよう。その点でも貴重な存在であった。

呉線の電化が完成した1970年10月以降はすべての蒸気機関車が廃車になったり他区に転属したりして姿を消している。2輌のC62が海を渡って小樽築港区に移動したのは、大きな話題となったものだ。

D51 818
C62 17

C59型 糸

軸配置2C1の大型急客機、わが国を代表する旅客用蒸気機関車として知られるC59型。その最後の3輌が活躍していたことで呉線の名前を知らしめる役も果たした。いずれも戦後型のC59161、162、164の3輌。C59162は残念ながら煙室扉、動輪のみが残された状態だが、他2輌は保存されている。

C59型は登場して東海道線、山陽線といった第一線で長く活躍をみせた。まさしく花形蒸気機関車の代表のひとつである。全長21575mm、最大軸重16t超という数字はまちがいなくわが国蒸気機関車の最大級のものである。

糸崎区にあった3輌は2輌が山陽線電化によって下関区から、C59164は山陽本線で活躍時から糸崎区にいた機関車で、梅小路区から1950年にやってきている。廃車後に「梅小路蒸気機関車館」、現在の京都鉄道博物館に保存されているのは、完成後すぐに梅小路区に配属された、ということで選ばれたのであろうか。

C59161

C59162

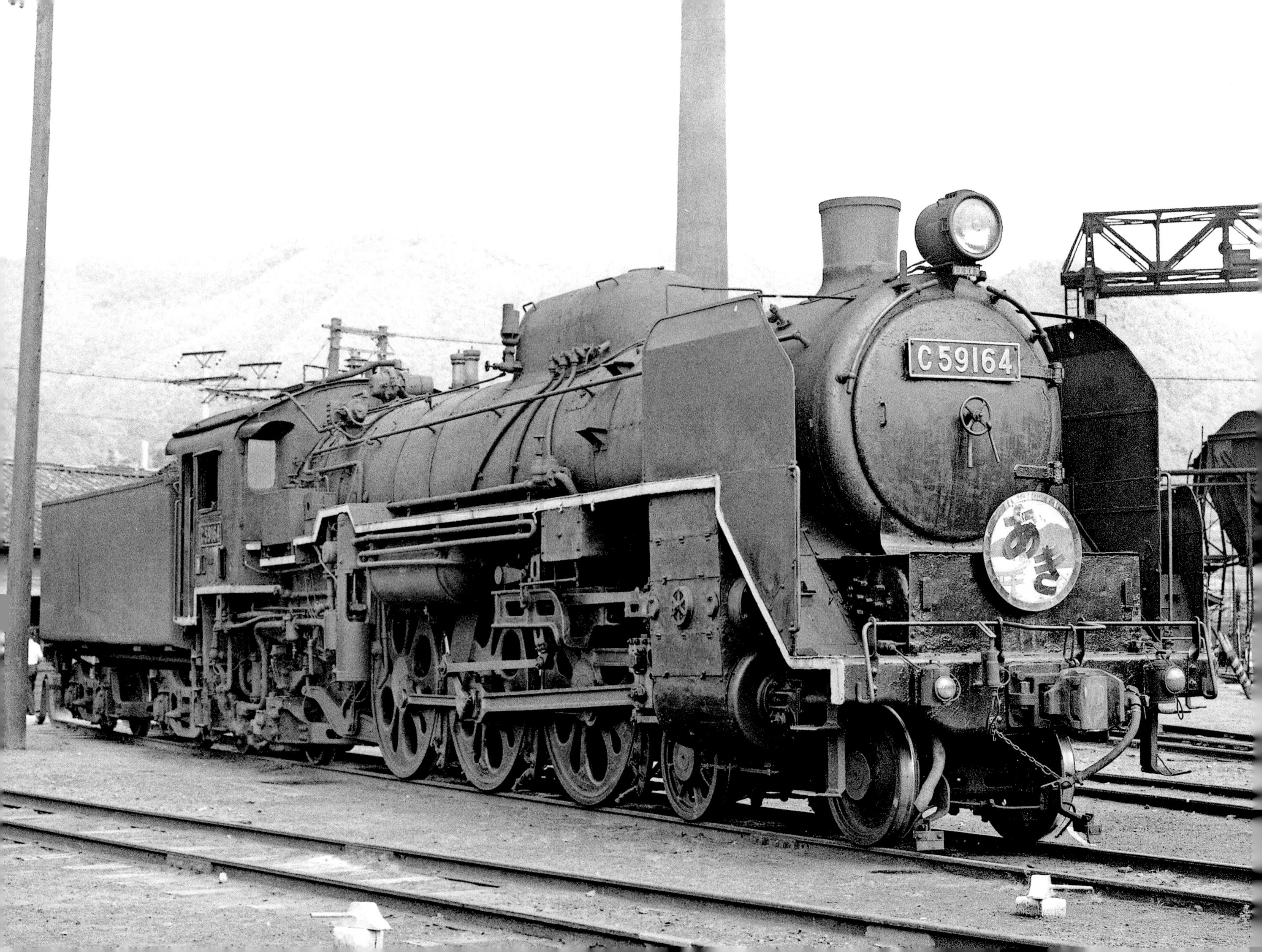
C59164
あき

C59164

　結局 C59 型蒸気機関車は、糸崎区の 3 輌がいてくれたおかげで満足に観察できたようなものだ。これ以前にも岡山や仙台などで C59 型に出遇ってはいる。しかし、まだまだ数多くが残っていたし、年齢的にそこまで深くいろいろなことを知り得ていなかったこともあって、なかなか身近かには感じられないでいた。

　呉線の引退が間近かになって、糸崎機関区では「安芸」のヘッドマーク付の姿で、C59164 の展示が行なわれていた。

　軸重を軽くして亜幹線にも入線できるよう C59 型の内の 47 輌が二軸従台車を履いて C60 型に改造された。しかし、大きく美しいキャブの下には、やはり C59 型の一軸従台車が似つかわしい。軸配置 2C1、パシフィックは蒸気機関車にもっとも美しいプロポーションを授ける、というが、わが国鉄機においては C59 型がそれに当てはまる。

　C59164 をじっくりと観察したいま、つくづくそんな結論を自信を以っていいたくなる。

C59164

C 59164

C62 16
糸

C62型 

特急列車を牽くために生まれてきた最大の旅客用蒸気機関車。C62型に与えられた形容は、どれもが花やかな印象を与える。すべてが本線筋で生涯を過ごして、最後の糸崎区に集結したのは11輛、呉線電化完成時までに残っていたのが5輛であった。そのうち2輛が北海道に渡ったのも話題になった。

糸崎区には1965年に11輛が配属されて以来、呉線の電化が完成する1970年10月まで、最終的には5輛のC62が活躍していた。初期の11輛は広島区からの転属を中心に、山陽線筋で使われていたものだったが、後年には常磐線電化完成に伴って平機関区から転属してきた「軽量型」が入れ替っていたりした。

また呉線電化完成後には、C6215、16の2輛が北海道に渡り、多くのファンの注目が集まっていた函館「山線」のC62重連として活躍した。

C6216

C6217

「つばめマーク」のC62 2ほどではないけれど、C6217は人気の「シロクニ」のなかでも特別の一輛として注目を集めた。いうまでもなく、「狭軌蒸気機関車世界最速」の記録ホルダー。1954年12月15日に木曽川橋りょうでその記録を出した時は名古屋区に所属していた。

その後、梅小路区→下関区→広島区を経て1965年から糸崎区に配属になった。1970年8月22～24日に渡って岡山～糸崎間で運転された「さよなら列車」を牽引したときのヘッドマーク付で、機関区で披露されていた。

速度記録の縁もあり、1971年1月に保存のために稲沢第一区へ回送後、1971年から名古屋市の東山公園、いまは新設された「リニア・鉄道館」で2011年3月から保存展示されている。

糸崎区のC62型は山陽本線の電化の伸延に伴って、広島区からやってきたものが多かった。1965年に第一陣としてC62 5、14～18、25、26、34、35、40の11輛が大挙してやってくるが、C6235は間もなく廃車になった。つづいて移動があったのは1967年。C6241が広島からやってきたほか、常磐線の電化完成によって平機関区からC6223、37、46、48の4輛が加わり、代わりに前後してC62 5、14、18、25、26、34、40の7輛が廃車になって、1969年3月時点では8輛が在籍していた。廃車のうちC6225は当時の「大阪交通科学館」に保存された。

その後も少しずつ廃車が出て、電化完成時まで残っていたのはC6215、16、17、23、37の5輛。このうちC6215、16の2輛は1970年10月付で小樽築港区へ移籍、翌71年11月に廃車になるまで、もう一花咲かせたのだった。

糸崎区に残ったC6223、37の2輛は1970年11月廃車。C6217は1971年3月に廃車後、前述のように、現在名古屋郊外の「リニア・鉄道館」で保存されている。

C6237

C62 37

C62 37

C50型 糸

「ハチロク」の改良型といわれるC50だが、輌数のこともあってか晩年は列車を牽いて働く姿は少なく、もっぱら入換え用機関車という印象が強かった。糸崎区にいたC50も入換え用で、前後をゼブラ模様にされていた。しかし全体的には美しく、型式入りプレートも貴重だった。

糸崎区には晩年4輌のC50型が配属されていた。前後にゼブラ模様、テンダーに安全十字といった装備は共通だが、前歴によって各機の仕様は少しずつ異なっていた。

広島から来たC5066は端梁に尾灯埋め込み、C5082は梅小路区から、C5088は同じく梅小路から新見区を経てやってきたもの。写真に撮れなかったもう1輌のC50142は岡山区にいた機関車だった。

C5088は1970年10月に紀伊田辺区に移動したが、それ以外の3輌は1970年11月に廃車になった。

C5066

C5082

D51型

糸崎区には C59、C62 などとともに D51 も 7 輛が配置されていた。貨物列車だけでなく、ときに旅客列車の先頭に立ったりもした。広島区からの D51 の乗入れもあり、呉線では D51 にお目に掛かる機会も少なくなかったのだ。一緒にスター機関車が配属されていたりすると、どうしても見逃しがちになる、といまさらに悔やんだりするのだが、数輛の写真が残るのみ。

D51818

C5088

C6241の最後の肖像

糸崎機関区、ターンテーブル向こうの扇形庫にナンバープレートが外されたC62が留置されていた。ペンキ描きの番号で知れる通り、それはC6241であった。撮影したのは1970年3月23日。その10日ほど前、3月14日に廃車宣告を受けていたのだった。

特集
2

木次線のC56

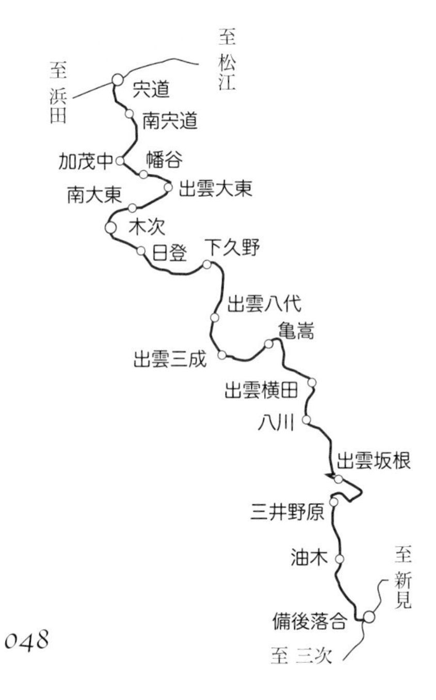

木次線は山陰の宍道と中国山地を横断する芸備線の備後落合とを結ぶ山間のローカル線だ。木次駅を境に、以北は私鉄の簸上鉄道（ひかみてつどう）として、宍道～木次間 21.1km を 1916（大正 5）年 10 月に開業した。

木次以南は、昭和になってから国有鉄道によって計画され、まずは 1932 年 12 月に木次～出雲三成間、20.4km が開業した。その後、1934 年 8 月には簸上鉄道が国有化され、線路は一本化された。難所として知られる出雲坂根を含む区間が開通して、宍道～備後落合間、81.9km の陰陽連絡の路線が全通するにはさらに 3 年の年月を要し、開業は 1937 年 12 月のことであった。

木次線といえば、その難所を「三段式スウィッチバック」で越える出雲坂根が有名であった。小型テンダ機として知られる C56 型がオハユニ 61 を 1 輛だけ牽いてその難所を越えるシーンに、大きな興味をそそられたものだ。しかし気付いた時にはすでにディーゼル化が進み、その区間を走る C56 の牽く列車は一日 1 往復の貨物列車だけになっていた。

まずはなにをさておいても初めての木次線は出雲坂根に行かなくては。残念ながら少しばかりアマノジャクなイノウエは出雲坂根を夜明け前に通過して木次に直行してしまった。一度は行ってみておきたい、という思いは三度目に実現した。

まだ春の訪れが遠く感じさせる 3 月のある日。標高の高さもあってか、思ったより雪がたくさん残っていてくれたのは嬉しいことであった。それにしても寒い。このときはクルマで出雲坂根だけ撮影する、というかこの後、付近のローカル線を巡る計画で、列車の時刻に合わせて出雲坂根にやって来たのだった。

そう、この数年間で鉄道写真の環境は大きく変化していた。雑誌の付録にダイヤグラムが付けられたり、懇切丁寧な撮影ガイドが特集されたりするようになっていた。ひょっとすると出雲坂根もけっこうな数の同好の士がいるのではないか、と思うほどであった。駅構内に入って見ると、正面に何枚かの作例で見たことのある情景が広がっていた。左側から登ってきた列車がホームに入って、スウィッチバックして右側の線路を登っていく。数百 m 先にもうひとつの行き止まりがあって、そこでふたたびスウィッチして八川方面を目指す。

想像していたのと逆で、木次線全体のサミットは通過していて、八川に向かって 30‰の上り勾配がつづくのだった。

待つことしばし、下の方からドラフト音が聴こえてくる。聴こえてはくるものの、一向に姿は見えない。出雲坂根に向かっても上り勾配がつづいているのだ。ようやく姿を現わした C56107。思った通りの力闘を見て満足したのだった。

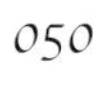

初めての木次線

　初めての木次線、有名な「出雲坂根」にも興味はあるけれど、アマノジャクはそれ以上にC56が逆向で客車列車を牽いて走るなどという、いままで見たこともないような列車を見てみたかった。それこそが木次線らしい、と勝手に思い込んでいたのだ。

　それになにより、客車列車は時刻表で予定が解るけれど、出雲坂根を通過する唯一の貨物列車はなん時にやってくるのか、ただの鉄道好き、趣味人には知る術もなかった、そんな時代だったのである。

　――というわけで初めての木次行は、また無茶な計画で実行してしまった。郷里の岡山に戻っていた夏休みのこと、まだひとりで宿屋に泊まるなどということができず、夜行で行って夜行で帰ってくるという、いくら元気で無鉄砲な年頃とはいえいささか無謀に近いものであった。具体的には、岡山から広島に行き、23時57分広島発の陰陽連絡急行「第2ちどり」で夜明け前の木次に降り立つ。木次着は4時30分だ。

「ちどり」は想像以上の混みようであった。ほぼ満席の室内の暑さと興奮とで一睡もできず、木次駅でひとり取り残された寂寥感はいまも思い起こせるほど。機関区で撮影したりして時間を費やし、まずは朝一番の列車を迎えに線路端を歩いた。

　それはC56＋C11の471レである。

早朝5時16分に宍道を出た491レは、前の日の496レで宍道駐泊のC11と426レで同じく宍道駐泊のC56とが重連を組んで木次に戻ってくる。幸運なことに木次区の機関車運用表を閲覧する機会を得て、その列車の存在を知ったことが、木次線探訪を決心する一因にもなっていた。

6時9分木次着とはいうけれど、果たして明るさはどれくらいなのだろう。まだ夜が明けやらぬ木次から線路に沿って歩き出したはいいものの、容赦なく進む時刻とまだ昇り切らない太陽とが気になって仕方がない。

とうとう6時を回ってしまった。いつ列車が登場してもおかしくない。大したポイントも見出せないまま、意を決して線路端で待つことにした。露出計の示すシャッター速度は1/60。だいたいがフィルムはASA100、いまでいうISO100だし、レンズだってせいぜい開放で2.8だから、シャープな切れ味は期待できまい。もやっとした朝の情景の中やってきた491レは期待とは裏腹に、呆気なく通過していった。だが、もうひと幕待っている。

6時21分木次発上り422レは朝の通勤通学列車。7輌もの客車を連結して走る。C11牽引のその列車、後補機にさっきの前補機だったC56が就く。時間がないからか、方向転換の時間も惜しんで逆向きのまま。朝陽に向かって力闘を見せてくれたシーンは、なかなかのものであった。

C56 104
貯金は農協
仁多の米

その日は木次から備後落合方面の仕業に就くC56を追いかけた。もとよりC56の牽く旅客列車、それも逆向の列車などが一番の興味だったから、できるだけたくさんの列車が撮れるように、さらに一度はその逆向の列車に乗ってみたい、と計画を立てた。

そのむかし、たった1輛のオハユニ61を牽いて出雲坂根のスウィッチバックを… というシーンが頭から離れないのだが、多くの列車は61系客車2輛という編成であった。小荷物の需要もあるらしく、オハユニかオハニが連結されている。ときに勾配に喘ぐけれど、基本的には夏のこと、煙はうっすらとなびく程度であった。

出雲三成駅で発車シーンを撮影することにした。全長14mほどの軽量テンダ機関車C56に20m級の客車は、どうにも不釣り合いだ。たとえば模型で並べてみたりするとよく解るのだが、どうしても客車の方が勝ってしまう。ところが、実際に木次線で見た列車は意外やそんな印象が少ない。幸か不幸か、真横から撮影できる開けたポイントがなく、前がちのシーンが多かったのも理由のような気もする。

C56104の牽く426レの発車を見送った。発車前の写真を撮ってから、ちょっと見下ろせる左の位置まで走った。こうして一枚でも多くのカットを… 頑張った記憶が微笑ましい。

C56 104

撮りたい列車に乗っていては、写真にすることができない、それは自明の理である。しかし、それしか方法がなかったのも事実だ。写真に撮りたいポイントを見付けたら、そこまで最寄り駅から歩いていかねばならない。せっかくこの地まで足を運んだのに… この時は意を決して、タクシーを使うという手段に打って出た。

もちろん小遣いに余裕などあろうはずもない学生の身。フィルム数本分に匹敵するタクシー代は、まさしく「清水の舞台…」であった。目指した先は、さっき車窓から見付けていたカーヴした鉄橋。行き先を告げるが、学生分際がタクシーを使うこと自体が端から不思議なことだったにちがいない。

「鉄橋のところいうて、なにしに行くんじゃァ？」

と訝しがるタクシーの運転手に説明したところ、面白いと思ってくれたのか、じゃったら待っとたるから駅まで戻ってくるのがええじゃろ、と気まで利かせてくれる。目当ての亀嵩駅の先の斐伊川に架かる鉄橋脇で待つ。やってきた列車はコンプレッサーからの排気は出ているものの、煙はうっすら、半ば透明のようで迫力はない。

それでもC56の牽く旅客列車を撮れただけで満足であった。この後、出雲三成を通り越して、木次側の出雲八代〜出雲三成間のふたつのポイントで撮影し、逆向C56の列車も撮影した。

C56 107

逆向C56の牽く旅客列車。それは長いこと抱いてきた好奇心を満たすものだったから、見ることができただけでもう充分に果たされた気持ちになっていた。へええ、本当にこんな列車が存在するんだ、という驚きはすぐに、毎日繰り広げられている情景をいままで知り得ていなかった、という悔しさにも変化した。

1輛目の客車のデッキは、そのまま機関車の顔を見ながら、一番近くでドラフト音が聴ける特等席にもなる。C56に牽かれる客車列車だって、それこそ「八ヶ岳高原」号で経験しただけなのに、逆向運転も経験できるなんて。日本は広いんだなあ、まだまだ知らないところだらけなのだろうなあ、などとつくづく思ったものだ。やっと撮影行で遠出できるようになって間なしの頃、行くところいくところ、新鮮で感動してばかりだったということであろうか。

しかし写真撮影というのは体力勝負だ、ということも思い知った。テンション上がりっ放しで走り回った真夏の一日。本当はこのあと、ふたたび夜行の「ちどり」で広島に戻り、翌朝の呉線を撮影しようなどと思っていたのだが、半日ですっかり消耗してしまった。深夜1時発を一本早めて、午後の「ちどり」で逃げ帰るように木次を後にし、岡山に戻ったのであった。かくして興奮しまくりの初めての木次行は、ひとまず幕を閉じた。

C56 110

木次駅発車！
C56の魅せる
ダイナミズム

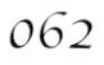

もう一度木次線を訪ねてみたい。そうした思いは、九州からの帰り道、1969年3月に実現した。もう木次以南の旅客列車はすべてディーゼル化されてしまっており、宍道〜木次間に朝夕の通勤通学用の列車が残っているだけ、それも次のダイヤ改正でディーゼル化という噂であった。

もとより木次線の話題は「出雲坂根」に集約されてしまっていたから、木次以北に撮影ポイントが見付けられるか、いささかの不安はあったものの、そこしか列車が走っていないのだから行くしかなかった。もうひとりで宿泊もできるようになっていたので、木次に一泊することにして、一年半振りの木次線に分け入った。

木次線というのはいざ行くとなると意外と便の悪いところだ、といまさらながらに気付く。前回「ちどり」の混雑振りに懲りていたこともあって、こん回は宍道側から入った。宍道からじっさいに列車に乗って、車窓からポイントを捜しながらの旅となった。決定的な地点を見出せないまま木次のひとつ手前の南大東駅で列車を降りた。駅を出てしばらく歩くと左にカーヴを切りながら上りの勾配があった。バックの情景は今ひとつなのだが、列車の時刻も近づいてきている。そこで、421レを待った。

待つことしばし、駅の方で出発の汽笛が鳴った。発車間なしのドラフト音が聴こえたような… しかし、一向に列車は現われない。音も消えてしまう。どうしたのだろう、と心配になった頃に突然向こうから煙が上がった。ドレインを切りながら姿を表わしたC56108。その迫力たるや…

C56らしからぬ奮闘が目を醒まさせてくれた。

C56 136

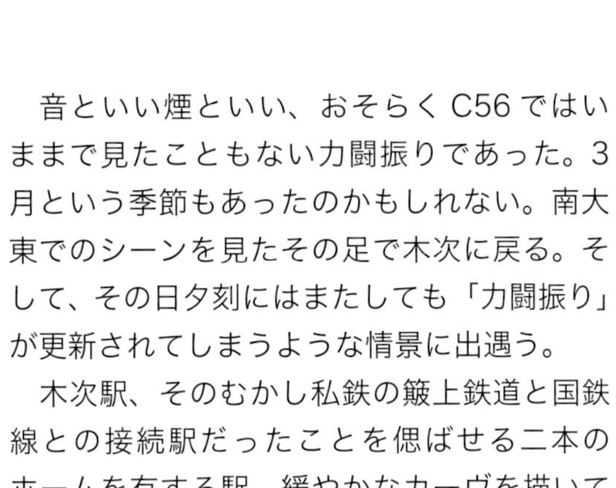

音といい煙といい、おそらくC56ではいままで見たこともない力闘振りであった。3月という季節もあったのかもしれない。南大東でのシーンを見たその足で木次に戻る。そして、その日夕刻にはまたしても「力闘振り」が更新されてしまうような情景に出遇う。

木次駅、そのむかし私鉄の簸上鉄道と国鉄線との接続駅だったことを偲ばせる二本のホームを有する駅。緩やかなカーヴを描いている真ん中の島式ホームには「ちどりそば」の看板が下がっている。前にきた時にはキハ07がまだ残っていたが、1年半ほどの間に新しいキハに代わってしまっている。

ホームには客車2輌を従えたC56136が出発を待っていた。少し陽が傾きかけた16時前、発車の汽笛が鳴った。構内の端で待ち構える前を通過して行った列車。そのドレインの量と煙の量、それに付近に谺するドラフト音の凄まじさは想像を絶するものであった。ぜひこの情景はいま一度少し離れたところから見てみたい。この迫力のシーンは、しっかりフィルムに定着させておかねば後悔するに決まっている。もう一泊することにして、撮影ポイントを捜すために、列車を見送ったあと付近を歩き回ったのであった。

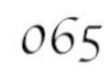

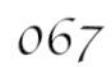

ときどき「神懸かり」的に望みが叶うことがある。付近を歩き回って、駅全体を俯瞰できるポイントを発見した、そのときもそんな感じであった。線路端から辺りを見回して、あの辺りに行けないか、そう思って登った裏手の丘から見下ろした景観は、頭のなかで描いていた通りの、いやそれ以上のものであった。

木次の駅は、斐伊川の流れる西側は開けているものの、周囲を山に囲まれた盆地のような地形になっている。きのう、C56 のドラフト音が幾重にも谺したのはその地形のせいだったのだろう。列車が出発していく方向、つまり北側にもちょっとした丘があり、そこに登る手段を発見したのが「勝利」であった。

翌朝、勇んでそこに立ち、息をこらしてときを待った。いまフィルムを見直して思うのだが、不思議なことに発車前の駅の情景は一枚もシャッターを切っていない。駅の向こうには「きすき」と描かれた商店街入口のアーケードがあったり、下りホームには備後落合行のディーゼルカーが停まっていたり、貨物駅の方から歩いてくる五人組がいたり… いろいろな情景が広がっていたというのに、そんなものに目を配る余裕すらなかったのだろうか。

きのうと同じようにエコーのかかった汽笛、そして凄まじいドラフト音、ドレインを切る音。眼下で繰り広げられる迫力の情景は、まさしく「鳥肌」ものであった。いま見てもありありと「あの」情景が浮かび上がってくる、忘れられない情景、であった。

忘れられない「あの」情景を胸に、2008 年の 10 月、あの場所を見に行った。駅周辺も大きく変わってしまっており、例のポイント周辺も住宅地になっていた。辛うじて残る高台から見た情景が下の写真だ。大きな車庫が増設されてもう駅を見下ろすことはできなくなっていた。そして、車庫内には近年の木次線の人気列車「奥出雲おろち」号用の DE がいた。

もうひとつ大きなプレゼントがあった。一泊した深夜、宿を抜け出して駅に向かった。夜中に「重連」がやってくる、という話を機関区で教えてもらった。それまで後補機やC11との重連はあったけれど、C56同士の重連は見たことがなかった。もちろん、重連になるべき機関車でないことは知っているけれど、どうしてもその姿は見ておきたかった。

深夜のこと、走行写真など撮影できるはずもなく、駅に到着後の姿でもいいから、と駅に出向いたのだった。なんでもっとサイドから撮らなかったのだろう、もっとワイドなレンズを持っていれば、いろいろ思い出そうとするが、浮かんでくるのはあまりにも寒かったことだけ。三脚を構えて長時間露出をする、そのシャッターが閉じる間も待てないような寒さだったことだけは憶えている。

かくして、到着したC56136 + C56110の牽く貨物列車を記録して、一目散で宿に戻った。

明けて翌日、駅の出発シーンに満たされながら、備後落合経由で早々に帰路についたのだった。右の写真は備後落合のC56108。庫の中には芸備線用のC58が収まっていた。

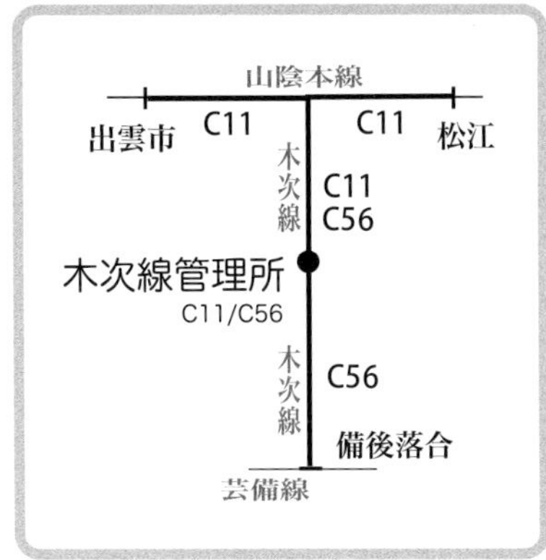

あとがきに代えて

幼稚園前に東京に出てきていたから、あまりたくさんの思い出はないのだが、郷里の岡山はとても魅力的なところだった。母親に連れられて、特急「こだま」と準急「鷲羽」を乗継いで帰郷するなど、鉄道好きの小学生にとってこの上なく愉しいことであった。カメラ片手に車窓に釘付けになって過ごした。

そのとき撮ったE10は、いまも鮮明に憶えている。米原の構内、給水ポンプに筵を巻かれた姿で、あっという間に車窓を通り過ぎて行った。米原で「最後の働き」をしている、という雑誌の記事を覚えていて、見ることができるかもしれないと目を凝らしていたから撮れたのだが、ナンバープレートの地色にグリーンが入れられていたように記憶する。

東京には親戚などが少なかったけれど、岡山には叔父叔母などがいた。長じて撮影行の基地として友人ともども泊めてもらうなど、いまとなって振り返ると若者の図々しさに赤面してしまうが、実にありがたいことであった。

近在に軽便鉄道、井笠鉄道や下津井電鉄、それに西大寺鉄道などが存在したこと、三重連で話題になった伯備線など、まさしく地の利を思うのである。

こん回、呉線と木次線を特集したが、考えてみればともに岡山を基地としての撮影行だった。木次線はクルマを手に入れたときには旅客列車はすべてディーゼル化されてしまっていたが、呉線は深夜に親戚の家を抜け出して、クルマを走らせた。運転の好きな友人もなん人かいて、それこそ若かりし日のこと、徹夜でクルマを走らせたことも少なくない。

クルマが好きになったのもそんなところから、である。

＊　＊　＊

クルマが普及したおかげで鉄道の存在価値が薄まり、ローカル線や地方私鉄などがどんどん消滅していった。ちょうどそのクロスポイント、時代の変化する微妙なタイミング、タイムラグのような部分をうまく使って撮影行ができたというのは、われわれ世代の大きなシアワセ、というものだろう。

オートフォーカス、ディジタルといったカメラの革新が果たされた時期には、残念ながらわれわれの好きな情景、忘れたくない情景はほとんど失せていた。だいたいが蒸気機関車という鉄路の主役を長いこと張ってきた存在がなくなってしまったのだから。36枚撮りのフィルムを倹約しいしい、手巻きだからせいぜい一列車で3カット撮れれば満足。そんな撮影だからこそ、一期一会、いまを逃したら撮り直しはできない、そんな思いでシャッターを切ったものだ。

秒間10カットも撮れる現代のディジタル・カメラを使っていても、いまだにシャッターはシングル・モードというのは、そのむかし、フィルム時代からの習性というものだろうか。

＊　　　＊　　　＊

フィルムはモノクロームが中心だった。

たとえば008ページの写真は「サクラカラー」ネガティヴを使ったもの。もちろん35mmフィルムで、キャビネに引き伸しただけで粒子が見えてくるような解像度、であった。それが印刷にまで使えるのは、ひとえに昨今のディジタル化の恩恵というもの、である。

そんな解像度のこともあって、中古のマミヤ・プレス（6x9）を手に入れて、カラーも撮るようになった。でも、最初の頃はネガカラーであった。なにしろポジは印刷にでもしなければ楽しめない、ポジからのプリントはとても鑑賞に堪えるものではなかったし、それ以前に高価であった。

気持ちのいいアルバムをつくりたい、というのが目的であったから、なかに数点、カラーがちりばめられていればいい、そんな感じで余裕のあるとき（気持ちにも財布にも）にのみネガカラーを使った。

そのうち、雑誌等でもカラー写真の需要が高まってきていたこともあって、エクタクロームを使うようになった。初期の鉄道雑誌など、表紙と「中綴じ」の真ん中ページや、別刷りにして差し込んだカラーがあるだけだった。それとて、まだ印刷用としての4c（カラー印刷）技術、ノウハウが確立しておらず、色は自然ではなかったし、版ズレといった印刷上の問題も少なからず発生していた。

だいたいがその原版も広告用に撮った広報写真だったりするところからはじまった。印刷技術やカメラが急激に進化するのは、蒸気機関車の最晩年。カラーで1本撮るのならモノクロで3本撮影した方がいい、それになにより、蒸気機関車にはモノクロの方がしっくりとくると信じていたのだから、最後までモノクロが中心であった。

岡山でのいくつか。西大寺鉄道、岡山市電、準急「鷲羽」。

＊　　　＊　　　＊

とりあえず、「ISSUE02」を完成させた。つくっていると次々別の企画が出てきて、あれもまとめたい、これもつくりたい、と困った状態になっている。

そうだそれとは別に、ひとつ提案が。読者諸賢の「忘れられない鉄道情景」を「語り」とともにお寄せいただけたら、そんなページを設けて共有できたら面白いな、と考えたりしている。

2022年早春に

いのうえ・こーいち

いのうえ・こーいち　著作制作図書

● 『**世界の狭軌鉄道**』いまも見られる蒸気機関車　全6巻　2018〜2019年　メディアパル

1、ダージリン：インドの「世界遺産」の鉄道、いまも蒸気機関車の走る鉄道として有名。
2、ウェールズ：もと南アフリカのガーラットが走る魅力の鉄道。フェスティニオク鉄道も収録。
3、パフィング・ビリイ：オーストラリアの人気鉄道。アメリカン・スタイルのタンク機が活躍。
4、成田と丸瀬布：いまも残る保存鉄道をはじめ日本の軽便鉄道、蒸気機関車の終焉の記録。
5、モーリイ鉄道：現存するドイツ11の蒸機鉄道をくまなく紹介。600mmのコッペルが素敵。
6、ロムニイ、ハイス＆ダイムチャーチ鉄道：英国を走る人気の381mm軌間の蒸機鉄道。

● 『**C56 Mogul**』 C56の活躍した各路線の記録、また日本に残ったうちの40輛の写真など全記録。

● 『**小海線のC56**』 高原のローカル線として人気だった小海線のC56をあますところなく紹介。

● 『**井笠鉄道**』 岡山県にあった軽便鉄道の記録。最期の日のコッペル蒸機の貴重なシーンも。

● 『**頸城鉄道**』 独特の車輛群で知られる新潟県の軽便鉄道。のちに2号蒸機が復活した姿も訪ねる。

● 『**下津井電鉄**』 ガソリンカー改造電車が走っていた電化軽便の全貌。瀬戸大橋のむかしのルート。

● 『**尾小屋鉄道**』最後まで残っていた非電化軽便の記録。蒸気機関車5号機の特別運転も収録する。

● 『**糸魚川＋基隆**』 鉄道好きの楽園と称された糸魚川東洋活性白土専用線と台湾基隆の2' 蒸機の活躍。

● 『**草軽電鉄＋栃尾電鉄**』永遠の憧れの軽便、草軽と車輌の面白さで人気だった栃尾の懐かしい記録。

● 季刊『**自動車趣味人**』3、6、9、12月に刊行する自動車好きのための季刊誌。肩の凝らない内容。

著者プロフィール
いのうえ・こーいち　(Koichi-INOUYE)
岡山県生まれ、東京育ち。幼少の頃よりのりものに大きな興味を持ち、鉄道は趣味として楽しみつつ、クルマ雑誌、書籍の制作を中心に執筆活動、撮影活動をつづける。近年は鉄道関係の著作も多く、月刊「鉄道模型趣味」誌に連載中。主な著作に「C62 2 final」、「D51 Mikado」、「世界の狭軌鉄道」全6巻、「図説電気機関車全史」（以上メディアパル）、「図説蒸気機関車全史」（JTBパブリッシング）、「名車を生む力」（二玄社）、「ぼくの好きな時代、ぼくの好きなクルマたち」「C 62／団塊の蒸気機関車」（エイ出版）、「フェラーリ、macchina della quadro」（ソニー・マガジンズ）など多数。また、週刊「C62をつくる」「D51をつくる」（デアゴスティーニ）の制作、「世界の名車」、「ハーレーダビッドソン完全大図鑑」（講談社）の翻訳も手がける。季刊「自動車趣味人」主宰。株）いのうえ事務所、日本写真家協会会員。
連絡先：mail@tt-9.com

著者近影　撮影：イノウエアキコ

呉線のC59、C62　木次線のC56　鉄道趣味人02　「西日本1」

発行日　2022年4月15日
初版第1刷発行

著者兼発行人　いのうえ・こーいち
発行所　株式会社こー企画／いのうえ事務所
〒158-0098　東京都世田谷区上用賀3-18-16
PHONE 03-3420-0513
FAX　03-3420-0667

発売所　株式会社メディアパル（共同出版者・流通責任者）
〒162-8710　東京都新宿区東五軒町6-24
PHONE 03-5261-1171
FAX　03-3235-4645

印刷 製本　株式会社 JOETSU

ISBN　978-4-8021-3323-4　C0065
2022 Printed in Japan